Christian Bischoff

UNBESIEGBAR

Christian Bischoff

UNBESIEGBAR

55 Geheimnisse, wie Du alle
anderen überflügelst

ARISTON

Penguin Random House Verlagsgruppe FSC® N001967

3. Auflage
© 2018 Ariston Verlag in der
Penguin Random House Verlagsgruppe GmbH,
Neumarkter Straße 28, 81673 München
produktsicherheit@penguinrandomhouse.de
(Vorstehende Angaben sind zugleich Pflichtinformationen nach GPSR.)

ISBN: 978-3-424-20190-1

INHALT

MACH DAS BESTE AUS DIR
UND DEINEM LEBEN

Alles begann bei einem Waldlauf mit einem Versprechen, das ich mir selbst gegeben habe: Ich möchte mein Traumleben leben und den besten Menschen aus mir machen, der ich werden kann.

Es gibt ein einfaches Natur- und Lebensgesetz, dem auch wir Menschen folgen: Alles wächst oder stirbt. Ein Baum wird so groß, wie er irgendwie werden kann. Er treibt seine Wurzeln so tief in den Boden wie möglich. Er entwickelt möglichst viele Äste mit möglichst vielen Blättern. Doch sobald ein Baum nicht mehr wächst, stirbt er langsam ab.

Und so ist es auch bei Dir: Wenn Du Dich nicht weiterentwickelst, wirst Du träge und launisch, bist demotiviert und stehst nicht mehr in Deiner Kraft. Dir fehlt der innere Antrieb. Das fühlt sich an wie absterben. Wie der Baum, der nicht mehr wächst.

Das Beste kommt erst noch. Wenn Du diese Lebenseinstellung verinnerlichst, ist das die beste Voraussetzung, um zu wachsen. Entscheide dich JETZT dazu, das nächste Lebensjahr zum besten Deines Lebens zu machen. Nutze all Deine Erfahrungen, um die beste Version von Dir zu erschaffen, die Du erschaffen kannst. Doch für alles, was Du tust, sollte Dein Motiv die Liebe sein. Denn ohne Liebe ist der Mensch eine Maschine, und Erfolg ist ohne Liebe leer.

Nun bist Du dran. Packen wir's an!

Dein Christian Bischoff

1

ERFOLG IST UNBEGRENZT MÖGLICH

Erfolg passiert nicht. Erfolg wird erschaffen. Aufgebaut. Kreiert. Erfolg ist das Ergebnis von dem, was Du tust. Und Dein Tun ist das Ergebnis Deines Denkens.

Es gibt keine Obergrenze für Erfolg. Du kannst erfolgreich sein, und das gilt genauso für Deinen Nachbarn. Sein Erfolg schließt deinen Erfolg nicht aus. Niemand kann Dir Deinen Erfolg wegnehmen.

Warren Buffetts finanzieller Erfolg hat den finanziellen Erfolg von Carlos Slim Helú nicht verhindert. Google hat die Entwicklung von Facebook nicht aufgehalten. Facebook nicht die von Youtube. Und Microsoft nicht die Entwicklung von Apple. Bill Gates hat den Erfolg von Steve Jobs nicht verhindert und Steve Jobs nicht den von Bill Gates.

Du glaubst, Erfolg sei nicht für alle da. Lös Dich von diesem Knappheitsmythos. Denn genau damit wirst Du in einer Abhängigkeitsposition gehalten und in dem Glauben, Du könntest nicht die Kontrolle über Dein Leben erlangen.

Die Wahrheit ist: Du und ich können so viel Erfolg haben, wie wir wollen. Wenn Du glaubst, dass Du anderen etwas wegnehmen musst, um erfolgreich zu sein, dann limitierst Du Dich mental, weil Du in Wettbewerb und Mangel denkst.

Lös Dich im Kopf von dem Gedanken, dass Erfolg schwierig und begrenzt ist. Ideen, neue Produkte, Firmenkonzepte und Technologien existieren grenzenlos.

2

DU WEISST NIE, WO DEIN LIMIT IST

Warum streben erfolgreiche Menschen nach immer mehr Erfolg? Weil sie ihr volles Potenzial entfalten wollen. Wer weiß, wie viel Potenzial in Dir steckt? Keiner! Noch nicht einmal Du. Du kannst es höchstens erahnen. Du kannst es nur selbst herausfinden. Ergebnisse sind schön. Erfolg ist wichtig. Doch am Ende willst Du immer mehr Deines Potenzials aktivieren. Entfalte Dein volles Potenzial in allen Lebensbereichen, und Du bist Tag und Nacht motiviert. Jahr für Jahr.

Immer wenn ein Mensch sagt, ich habe mein Bestes gegeben, ist das eine Lüge, weil es immer ein nächstes Level gibt, wenn Du willst. Du musst nicht – es ist freiwillig.

Willst Du Dich mit der Liebe zufriedengeben, die Du gestern Deinem Partner, Deinen Kindern und anderen Menschen gegeben hast, oder möchtest Du heute ein bisschen mehr lieben?

Soll ich mich damit zufriedengeben, wie vielen Menschen ich als Coach bisher helfen durfte, oder sollte es mein Ziel sein, mehr Menschen zu erreichen?

Dein Anspruch sollte sein, Deine gestrigen Grenzen heute zu verschieben.

Push Dich über Dein aktuelles Limit. Werde ein besserer Angestellter, Unternehmer, Vater, Mutter. Werde gesünder, reicher, liebevoller – was auch immer – jeden Tag einen Schritt besser.

Erweitere Deine bisherigen Grenzen.

Warum? Um Dich selbst zu motivieren.

3

HAB DIE HÖCHSTE ERWARTUNGSHALTUNG AN DICH

Keiner erwartet von Dir, dass Du topfit bist – Du musst das von Dir selbst verlangen. Keiner erwartet von Dir, dass Du Deinen Traumberuf findest und Deine Berufung erfüllst – Du musst das von Dir selbst verlangen.

Keiner erwartet von Dir, dass Du eine geniale Partnerschaft hast – Du musst das von Dir selbst verlangen.

Keiner erwartet von Dir, dass Du finanziell frei bist – Du musst das von Dir selbst verlangen.

Keiner erwartet von Dir, dass Du erfolgreich wirst – Du musst das von Dir selbst verlangen.

Ich habe zu mir gesagt: Ja, ich möchte ein außergewöhnliches Leben führen. Ein Leben nach meinen Vorstellungen und Wünschen. Heute habe ich dieses Traumleben:

Ich arbeite nicht mehr, sondern darf täglich meiner Berufung folgen, meiner wirklichen Lebensaufgabe: Anderen Menschen helfen.

Ich bin finanziell frei und habe damit die Kontrolle über meine Zeit, weil ich wirtschaftlich unabhängig bin.

Meine Frau und ich haben eine Familie mit drei Kindern, in der wir täglich vor Augen geführt bekommen, was wirklich wichtig ist im Leben.

Wie lange habe ich dafür gebraucht? 12 Jahre. Nur 12 Jahre. Jetzt kommen mindestens 40 tolle Jahre. Würdest Du nicht auch 12 Jahre investieren, um dann 40 Jahre Dein Traumleben zu leben? Natürlich.

Das sage ich, um Dich zu inspirieren. **Du schaffst es auch – wenn Du es von Dir erwartest!** Keiner erwartet viel von Dir, das darfst Du selbst machen. Du kannst das Beste erreichen, wenn Du es von Dir selbst erwartest.

4

KOMM INS HANDELN

Das größte Lebenshemmnis
ist das Warten,
das sich ans Morgen klammert
und das Heute verliert.

(Seneca)

Wann fängst Du an zu handeln? JETZT.

Nicht morgen. Nicht übermorgen. JETZT.

Warte nicht auf den perfekten Zeitpunkt.

Warte nicht auf die perfekte Gelegenheit.

Warte nicht auf die perfekte Chance.

Der beste Moment ist JETZT!

Egal, wie klein und unbedeutend etwas zu sein scheint. Fang an. Du musst nicht Weltklasse sein, um anzufangen – doch Du musst anfangen, um eines Tages Weltklasse zu sein.

»Aber Christian, ich weiß nicht, was mein Ding ist. Ich kenne meine Berufung nicht.« – FANG AN!

Fang mit irgendetwas an. Du lernst am schnellsten im Tun. Was Dir gefällt. Was Dir nicht gefällt. Was Dir liegt. Was Dir nicht liegt. Worin Du gut bist. Worin nicht.

Das Leben ist Erfahrung, und Erfahrung kannst Du nicht lernen. Erfahrung musst Du machen.

Jeder Tag, den Du wartest, ist ein verlorener Tag.

Jeder Tag, der verstreicht, raubt Dir Selbstvertrauen, erhöht Deine Zweifel, Deine Bedenken. Du wirst immer passiver.

Fang an! Raus aus dem Kopf – rein in den Körper.

Lerne, während Du tust. Erfolg heißt TUN.

Fehler machen. Daraus lernen. Weitermachen.

Hab die Pippi-Langstrumpf-Einstellung: Ich habe es noch nie gemacht. Also bin ich mir sicher, dass ich es schaffe.

5

SEI EIN KRIEGER

Sei ein Krieger für das Leben. Ein Krieger für den Frieden und das Gute im Menschen.

Ein Krieger kämpft jeden Tag gegen sich selbst. Gegen die Feinde Bequemlichkeit, Zufriedenheit, Faulheit, Arroganz, Hochnäsigkeit, Gier, Ungerechtigkeit. Ein Krieger erobert seine Ängste, seine Zweifel, seine Sorgen, seine Schwächen. Ein Krieger ist mutig. Ein Krieger ist hartnäckig. Ein Krieger gibt nicht auf.

Sei ein Krieger. Ein stiller, innerer, friedvoller Krieger. Der den Krieg in sich jeden Tag aufs Neue gewinnt – den Krieg gegen die eigene negative Stimme, die eigenen negativen Gedanken. Ein Krieger, der bereit ist, die Welt zu erobern, und gleichzeitig ganz gefestigt in sich selbst ruht. Ein Krieger, der seine innere Mitte hat und vor innerer und äußerer Stärke strotzt.

Geh friedvoll jeden Morgen in den Kampf und kämpfe für das Gute auf dieser Welt. Für Deine Aufgabe. Für Deine Mission. **Mach die Welt zu einem besseren Ort.**

Wenn Du zweifelst, ob Du ein Krieger bist, dann steh jetzt auf und tu so, als ob Du einer wärst, so lange, bis Du einer bist.

6

ÜBERNIMM FÜR ALLES VERANTWORTUNG

Wer ist verantwortlich für Deine Einstellung? Deinen Charakter? Dein Tun? Deine Reaktionen? Deine Ergebnisse? Deine Gesundheit? Deinen beruflichen Erfolg? Deinen inneren Frieden? Du, Du, DU!

»Ja, aber Christian, ich hatte einen Unfall, eine schwierige Kindheit, ich bin depressiv.« Verstehe ich. Wir tragen alle einen kleinen Rucksack mit Bürden auf unseren Schultern. Ich kenne Leute, denen viel Schlimmeres passiert ist als Dir und die es trotzdem geschafft haben, erfolgreich zu werden. Wer keine Eigenverantwortung übernimmt, hat immer das Gefühl, vom Leben herumgeschubst zu werden.

Ich habe mich bei allen Rückschlägen in meinem Leben, bei allen Abweisungen und Schicksalsschlägen vor den Spiegel gestellt und habe mich gefragt: Wer war bei allen negativen Ereignissen immer am Tatort? Ich!

Es gibt nur einen, der für Dein Leben verantwortlich ist – Du. **Je mehr Verantwortung Du übernimmst, desto erfolgreicher wirst Du.** Du willst Lob für Erfolge – dann übernimm auch die Verantwortung für die Misserfolge. Dir gehen negative Menschen auf die Nerven – verbring keine oder weniger Zeit mit ihnen. Das Leben ist ein Energiespiel. Du hast kein Geld – werde wertvoller. In Deiner Beziehung läuft es nicht gut – übernimm im ersten Schritt die volle Verantwortung dafür und werde ein besserer Partner.

»Sei Du die Veränderung, die Du Dir für diese Welt wünschst«, sagt Mahatma Gandhi. Das gilt auch für Dein Leben.

7

SCHREIB MORGENS ALS ERSTES DEINE ZIELE AUF

Das ist einer der besten Erfolgstipps, den ich Dir aus meiner jahrelangen Erfahrung mitgeben kann: Nimm ein Blatt Papier und schreib Deine Ziele auf.

Fokussiere Dich auf das Essenzielle in Deinem Leben. Konzentriere Dich auf Dein Traumleben. Morgens ist Dein Unterbewusstsein hellwach und aufnahmebereit. Diese Angewohnheit, als Erstes Deine Ziele aufzuschreiben, ist pures Motivationsdoping. Jeden Morgen – JEDEN Morgen. Nicht den Text vom Vortag durchlesen, sondern aktiv schreiben, weil das Tun einen stärkeren Effekt auf Dein Unterbewusstsein hat.

Menschen fragen mich: »Christian, warum bist Du immer so voller Energie, so voller Power? Welche Drogen nimmst Du?«

Ich verabreiche mir jeden Morgen die natürliche Droge, meine Ziele aufzuschreiben, und halte mir damit meine geniale Zukunft vor Augen.

Dein Unterbewusstsein ist Deine Traumverwirklichungszentrale.

Das Gesetz des Unterbewusstseins in 5 Schritten:

1. Hab ein klares Ziel.
2. Schreib Dir dieses Ziel täglich auf.
3. Durch die tägliche Wiederholung wandert Dein Ziel langsam vom Bewusstsein ins Unterbewusstsein.
4. Wenn es im Unterbewusstsein angelangt ist, wird Dein Unterbewusstsein automatisch anfangen, dieses Ziel zu verwirklichen.
5. Dieses Gesetz ist zwingend.

8

VISUALISIERE
DEINE ZIELE

Sobald Du Deine Ziele aufgeschrieben hast, schließ die Augen. Jetzt lass Deine Vorstellungskraft spielen: Stell Dir Deine Ziele lebhaft vor, als hättest Du sie schon erreicht. Wie sieht Dein Leben jetzt aus? Produziere einen 3-D-Film in Deinem Kopf. Schau diesen Film nicht auf einer Leinwand an, sondern spring mitten rein. Wo bist Du? Wer ist noch dabei? Was sagst Du, was spürst, fühlst, riechst und schmeckst Du? Durchlebe diese Situation, so lange Du willst.

Erfolgreiche Menschen beherrschen die Magie der Vorstellungskraft. Alle großen Dinge müssen zweimal im Leben erschaffen werden – zuerst in Deinem Kopf, dann in der Realität. **Vorstellungskraft schafft Wirklichkeit.**

Manchmal sagen Teilnehmer in meinen Seminaren: »Christian, ich habe keine Vorstellungskraft.« Das sind in der Regel Menschen, die sehr kopflastig sind. Ich sage ihnen: Es genügt, wenn Du es denkst. Das hat auch eine Wirkung.

Es kann sich dabei aber auch um einen unbewussten Abwehrmechanismus handeln, eine Nebelschicht, die Dich vor schmerzhaften Bildern oder Bewusstseinsinhalten aus Deiner Kindheit bzw. Vergangenheit schützt, weil Du Angst davor hast. Durch die übermäßigen kognitiven Kontrollmechanismen vermeidest Du, dass Du mit diesen ungelösten Emotionen in Kontakt kommst. Wenn Du sie jedoch nicht loslässt, verhinderst Du, dass Du Dein Leben in vollen Zügen genießen kannst. Deshalb ist es wichtig, dass Du die emotionalen und seelischen Blockaden zuerst auflöst.

9

NOTIERE ABENDS DEINE ERFOLGE

Du machst jeden Tag Fortschritte – manchmal große, manchmal kleine. Manchmal mögen sie Dir unbedeutend erscheinen. Doch nichts ist unbedeutend. Schreib sie abends auf. Mach Dir Deine Erfolge bewusst. Würdige sie. Du musst nicht jeden Tag das ganz große Rad drehen. Es kann etwas Kleines sein, zum Beispiel 10 Minuten konzentriert mit deinen Kindern spielen.

Vielleicht denkst Du: Ich habe meine Erfolge im Kopf. Doch Du vergisst sie. Du nimmst sie nicht mehr bewusst wahr. Du schenkst ihnen nicht genügend Aufmerksamkeit und vielleicht verschwinden sie früher oder später ganz aus Deinen Gedanken.

Sie aufzuschreiben ist eine Erfolgsstrategie, die ich Dir in der Theorie nicht final erklären kann. Mach es und spür die Ergebnisse. **Es ist ein magischer Bewusstmachungsprozess.** Kauf Dir ein schönes Buch, in das du jeden Abend Deine Tageserfolge schreibst.

Du baust auf diese Weise viel schneller Selbstvertrauen auf und hebst Deinen Selbstwert. Deine Produktivität wird sich steigern, weil Du Dich auf das Wesentliche konzentrierst. Und Deine Geschwindigkeit, mit der Du Erfolge produzierst, wird sich erhöhen.

Nach einem Jahr blätterst Du in Deinem Buch zurück, erkennst und genießt Deine ganzen Fortschritte. Du wirst denken: Wow, was hatte ich für tolle Erfolge!

10

WAS IST DEIN HÖHERER SINN?

Ziele können ein wunderbarer Motivator sein. Auch Geld kann einen zu Höchstleistungen anspornen.

Doch hinter jedem großen Ziel muss ein höherer Sinn stecken, damit Du in schwierigen Zeiten nicht aufgibst. Wer seinen Sinn kennt, kann die größten Leiden auf sich nehmen und die härtesten Zeiten überstehen. Wer Großes leisten will, muss einen Sinn erkennen.

Was ist Dein Sinn? Warum willst Du Dein Ziel erreichen? Warum willst Du das große Haus? Warum willst Du die Millionen? Kannst du den tieferen Grund benennen? Willst Du Deiner Familie eine sicherere Zukunft ermöglichen? Möchtest Du anderen Menschen helfen? Deren Leben bereichern oder verbessern? Was ist Dein höherer Sinn? **Es muss um mehr gehen als nur um Dich selbst.**

Wir alle sind Puzzleteilchen in dem großen Spiel, das Leben heißt. Ein Puzzleteilchen, das seinen genauen Platz hat. Dabei muss es um mehr gehen als Deinen Egoismus, Dein eigenes Ich. Jeder Mensch möchte sich innerlich für ein Ziel, für eine Aufgabe einsetzen, die größer ist als er selbst – für einen Sinn, der ihn überdauert.

Mein höherer Sinn ist es, die Welt zu einem besseren Ort zu machen, indem ich Menschen motiviere und in ihre persönliche Kraft bringe und meine Du-weißt-nie-wo-Dein-Limit-ist-Philosophie noch die Welt bewegt, wenn ich schon lange nicht mehr da bin.

Finde Deinen Sinn: Was ist Deine Aufgabe? Warum bist Du auf dieser Welt?

11

WELCHE WAHRHEIT ÜBER DICH BRINGT DEIN 10-JÄHRIGES ICH ZUM WEINEN?

Lisa ist Bankangestellte und schaut, nachdem sie eine Bilanz geprüft hat, verträumt aus dem Fenster. Da kommt ihr plötzlich in den Sinn, dass sie als kleines Mädchen jeden Tag voller Freude getanzt hat, drinnen und draußen. Ihr war es egal, was andere darüber dachten. Sie tat es für sich.

In der Schule hörte Lisa damit auf. Ihre besten Freundinnen meinten irgendwann, das würde blöd aussehen; die Jungs aus ihrer Klasse lachten sie aus. Das hat Lisa verletzt – heute weiß sie, dass die Jungs mit diesem Lachen ihre eigene Unsicherheit verborgen haben. Die Unsicherheit darüber, dass sie sich nie trauen würden, so hemmungslos zu tanzen. In diesem Moment spürt Lisa: Ihr fehlt das Tanzen. Die Sprünge, die Drehungen, die irre Freude, das Gefühl der Freiheit.

Erkennst Du Dich in Lisa wieder?

Oft verlieren wir im Lauf unseres Lebens den Kontakt zu den Dingen, die uns im Kindesalter am meisten Spaß gemacht haben. Wenn Dein 10-jähriges Ich Dich heute treffen würde, könnte es wahrscheinlich Deine »erwachsenen« Gründe dafür kaum verstehen und würde bestimmt in Tränen ausbrechen.

Was wir damals geliebt haben, lieben wir wahrscheinlich immer noch – wenn auch in angepasster Form.

Wie sieht Deine Wahrheit aus?

12

MACH DIR KLAR, WIE DU LEBEN WILLST

Statt Dich permanent zu fragen, **was** Du (beruflich) machen willst und daraus alles andere abzuleiten, kannst Du Dich auch fragen, **wie** Du leben willst und daraus schließen, was Du dafür tun musst.

Strebe nicht danach, Sportler, Lehrer, Banker, Unternehmer oder Polizist zu werden. Strebe danach, Du selbst zu sein.

Finde einen Weg, bei dem Deine Fähigkeiten mit maximaler Effektivität auf die Befriedigung Deiner Bedürfnisse einwirken.

Natürlich hat jeder Mensch auch Schwächen. Ich habe Schwächen. Du hast Schwächen. Das wird sich und muss sich nicht ändern. **Beruflicher Erfolg kommt, wenn die eigenen Stärken und Vorlieben bestmöglich zur Geltung kommen.**

Manche fahren gern langsam. Andere nehmen auf der Autobahn den Fuß nicht mehr vom Gaspedal. Manche wollen im Mittelpunkt stehen. Andere stimmen ihre Klamotten farblich mit der Wandfarbe ab, damit sie niemand anspricht. Für manche gibt's nichts Schöneres, als allein in der Natur zu sein. Andere hängen lieber mit Freunden in der Kneipe ab.

Wie möchtest Du leben? Welche Deiner Bedürfnisse sind besonders stark ausgeprägt? Wie kannst Du sie mithilfe Deiner Fähigkeiten so leicht wie möglich erfüllen?

Es ist Dein Leben, und es ist das einzige, das Du hast. Also tu, was Dir wichtig ist und nicht, was Dir irgendjemand einreden will.

13

EINEN VERSUCH
WAR ES WERT

Jedes Erfolgsbuch empfiehlt Dir eine Frage, um Deine Lebensaufgabe zu finden: Wenn ich nicht scheitern könnte, was würde ich machen? Suboptimale Frage. Fakt ist, Du kannst scheitern. Fakt ist, vor diesem Scheitern haben die meisten Menschen Angst – und kommen nicht ins Handeln.

Um jemanden zu motivieren, ist es besser, die Frage zu drehen: Woran würdest Du am liebsten scheitern?

Stell Dir vor, Du würdest ein Projekt an die Wand fahren. Von welcher Sache bist Du so felsenfest überzeugt, dass Du, selbst wenn es nicht funktioniert, stolz behauptest: »Wenigstens habe ich es probiert.«

Fußballprofi werden? Ein Schulhaus in Kenia aufbauen? Das Sozialprojekt in Deiner Gemeinde ins Leben rufen? Einen Marathon laufen? Die Kilimandscharo-Besteigung? Ein Unternehmen gründen?

Warum? **Weil es eine Herzensangelegenheit ist und Du den Prozess liebst, nicht nur das Ergebnis.**

»Mist, hat leider nicht geklappt, aber einen Versuch war es wert. Es war eine tolle Zeit. Eine wertvolle Lebenserfahrung, die ich keinesfalls missen möchte.« Bei welcher Aufgabe würden Dir diese Sätze am ehesten über die Lippen kommen?

14

ATTACKIERE DEINE ÄNGSTE

Worum geht es im Leben? Das Leben scheint ein Befreiungskampf zu sein, bei dem es darum geht, sich von allen Ängsten, Zweifeln, Sorgen, Limitierungen und falschen Denkmustern zu lösen. Wenn Du praktisch keine Ängste mehr hast, die Dich blockieren, bist Du innerlich frei und kannst unbeschwert leben. Du darfst Deine Ängste nicht füttern und verstärken, indem Du ihnen nachgibst.

Ich hätte gerne mit 16 schon verstanden, dass es keine Veränderung gibt, ohne dass ich dafür zunächst mit Angst bezahle. Und wie wunderbar glücklich und frei es macht, Dinge zu tun, vor denen ich mich fürchte. In Deinen größten Ängsten steckt Dein größtes Entwicklungspotenzial.

Wenn die Angst Deinen Kopf verlässt, betritt das Selbstvertrauen Deinen Körper.

Attackiere Deine größte Angst. JETZT!

Stell Dich auf die Bühne.

Spring aus dem Flugzeug – mit Fallschirm.

Stürz Dich von der Brücke – mit Bungee-Seil.

Spring in die Selbstständigkeit.

Gründe ein Unternehmen. Wenn du pleitegehst? Na und! Dann hast Du gelernt, wie es nicht geht und fängst von vorne an. Beim nächsten Mal machst Du es besser.

15

GEH DEINE GRÖSSTE HERAUSFORDERUNG SCHNELL AN

Was belastet Dich? Worüber machst Du Dir Sorgen? Welches schwierige Gespräch schiebst Du schon viel zu lang vor Dir her?

Wenn Du etwas zu tun hast, dann tu es, auch wenn Du Dich noch nicht bereit dazu fühlst. Wenn Du etwas zu sagen hast, dann sag es, sofort. Führe das schwierige Gespräch mit Deinem Partner, Deinem Chef oder Deinem Mitarbeiter. Danach geht es immer weiter. Vielleicht nicht so, wie Du es Dir erhofft hast, doch es geht weiter.

Solange Du Herausforderungen vor Dir herschiebst, blockierst Du Dich selbst. Du bist wie ein Schneeräumfahrzeug, das eine verschneite Straße freischaufeln will, den Pflug aber gerade nach vorne ausgerichtet hat. Wenn der Schneepflug nicht regelmäßig zur Seite dreht, schiebt er irgendwann so viel Schnee vor sich her, dass selbst das PS-stärkste Fahrzeug stecken bleibt.

Genau so machst Du es, wenn Du Deine Herausforderungen vor Dir herschiebst. Was ist es bei Dir? Die Gehaltserhöhung zu fordern? Deinen Traumpartner um ein Date zu bitten? Deinem Partner klar zu sagen, was Dir in der Beziehung fehlt oder Dich stört? Den Job zu kündigen, der Dir seit Jahren keinen Spaß mehr macht?

Du hast Angst, wirst nervös, wenn Du an diese Sache denkst? **Doch darunter liegt immer Motivation.** Deine Angst sorgt dafür, dass Du Deine Fähigkeiten, und Deine Resilienz, Deine Widerstandsfähigkeit unterschätzt.

Was sind für Dich die größten Herausforderungen? Pack sie an!

16

SEI SELBSTSTÄNDIG ODER UNTERNEHMER

Jeder arbeitet so, wie er es für richtig hält. Doch wenn Du Dein Ding machen willst, Dein volles Potenzial entfalten möchtest, Dich beruflich verwirklichen willst, Dein eigener Chef sein möchtest, die Regeln aufstellen willst, anstatt ihnen zu folgen, und vor allem, wenn Du reich werden willst, dann musst Du mindestens selbstständig sein. Besser Unternehmer.

Jeder ist übrigens Unternehmer. Jeder Mensch ist der Unternehmer seines eigenen Lebens. Übertrage diese Einstellung auf Deinen Beruf. Dann hast Du viel mehr Gestaltungsfreiräume und Entfaltungsmöglichkeiten, kannst nach Belieben den Kurs oder die Richtung ändern und viel schneller vorwärtskommen.

Finde eine Dienstleistung, ein Produkt, das anderen Menschen hilft, hinter dem Du voll und ganz stehst, und lerne, es zu verkaufen. Verkauf ist der wichtigste Beruf überhaupt, weil es der einzige ist, mit dem Du aus dem Nichts heraus reich werden kannst. **Wer verkaufen kann, hat auch genug Geld.**

Finde eine Tätigkeit, in der es keine Einkommensgrenze nach oben gibt, d. h. ein Produkt oder eine Dienstleistung, von der Du immer mehr verkaufen kannst, und dann starte durch.

Werde Unternehmer Deines eigenen Lebens – beruflich und privat – und entfalte Dein volles Potenzial. Mach Dein Ding! Leb Deine Leidenschaft, Deinen höheren Sinn und werde als Belohnung auch noch finanziell frei. Besser geht es nicht!

17

LERNE ZU VERKAUFEN

Einer meiner größten beruflichen Schwachpunkte war, dass ich 35 Jahre lang keinerlei Ahnung von Marketing und Vertrieb hatte. **Doch im Leben musst Du immer verkaufen – zumindest Dich selbst:** als Single auf der Partnersuche, bei Einstellungsgesprächen, beim Verhandeln und bei Behörden.

Deine Einstellung sollte sein: Ohne Verkäufer wird nichts verkauft. **Verkäufer sind der Motor unserer Wirtschaft**. Sie verdienen hohes Ansehen. Wenn Du ein Problem mit dem Wort Verkauf hast, dann ersetze das Wort verkaufen durch das Wort helfen.

Verkäufer zu sein ist der krisensicherste Job der Welt. Deine Fähigkeit wird immer gebraucht. Du brauchst nichts, niemanden und keine Vorbedingung, um ein Ergebnis zu erzielen. Ein Verkäufer ist der Einzige, der aus dem Nichts heraus etwas aufbauen kann.

Du willst frei sein und kein Sklave? Lerne zu verkaufen. Das Leben ist unangenehm ohne verkäuferische Grundkenntnisse. Ein Verkäufer findet, vergrößert und/oder weckt bei einer Zielgruppe einen Bedarf und schließt ihn.

Wann nerven Dich Verkäufer? Wenn sie versuchen, einen nicht vorhandenen Bedarf zu decken! Wenn mich ein Verkäufer jedoch darauf hinweist, dass ich da einen Bedarf habe, der wirklich da ist, und mir dann hilft, das Produkt zu bekommen und zu kaufen, das ich brauche, ist das die beste Dienstleistung der Welt.

18

SEI DEIN EIGENER MOTIVATIONSTRAINER

Warte nicht, bis andere Dich in die Gänge bringen. Bring Dich selbst in die Gänge. Warte nicht, bis andere Dich anzünden. Sei selbst jeden Tag voller Feuer. Warte nicht, bis andere Dich inspirieren. Inspiriere Dich selbst. Sei Dein eigener Motivationstrainer.

Jeder Mensch ist beeinflussbar. **Lass Dich positiv beeinflussen – und die Motivation wird folgen.** Ich nenne das »natürliche Drogen«, pump Dich voll mit natürlichen Drogen, die Dir ein natürliches Hochgefühl geben. Ein paar Beispiele:

- Inspirierende Sprüche kleben an Deinen Wänden – Du weißt nie, wo Dein Limit ist. Geht nicht, gibt's nicht.
- Deine Ziele sind an der Wand verewigt.
- Du willst Deine glänzende Zukunft vor Augen haben – bastle eine Traum- und Zielcollage.
- Hör motivierende Musik oder einen Podcast, der Dich beflügelt.
- Wenn Dich jemand lobt, ruf es Dir immer wieder in Erinnerung.
- Lies in Deinem Erfolgsbuch.
- Sprich mit Deinem besten Freund oder Deiner besten Freundin.

Was aus Deinem Inneren kommt, das besitzt Du wirklich – für immer. Dann bist Du nicht mehr abhängig von externen Faktoren und anderen Menschen – Du läufst hochmotiviert auf Autopilot.

Welchen Spruch hängst Du Dir an die Wand, um täglich neue Motivation daraus zu schöpfen?

19

SEI IMMER
VOLLER ENERGIE

Die gesamte Gesundheitslehre kannst Du in einem Wort zusammenfassen: Energie. Lebensenergie. Wenn Du ein hohes Energieniveau in Deinem Körper hast, bist Du gesund. Also willst Du immer voller Energie sein. Gesundheit ist Lebensenergie.

Tu alles, damit Dein Körper auf maximaler Energie laufen kann:

Ernähre Dich richtig und gesund. Nimm wenig weißen Zucker. Viel Obst und Gemüse. Iss in Maßen. Trink Wasser.

Mach dreimal in der Woche eine halbe Stunde Ausdauertraining. Zweimal in der Woche eine Viertelstunde Krafttraining am Limit – im Kraftraum oder mit dem eigenen Körpergewicht. Schlaf mindestens sechs Stunden.

Mach einen Mittagsschlaf, wenn Du das brauchst. Finde Dein Idealgewicht, mit dem Du Dich wohlfühlst. Es kann Dir keiner sagen, wie viel Du wiegen sollst. Glaub nicht diesen allgemeingültigen Aussagen. Vertrau Dir selbst. Es gibt nicht die eine ideale Ernährung. Das ideale Körpergewicht.

Achte darauf, dass Du voller Energie bist. Das ist das Ziel, das Du verfolgst. Das ist Dein Gradmesser.

Deine Energie ist Deine energetische Signatur, mit der Du andere Menschen und Dein gesamtes Umfeld beeinflusst. Wir werden von Menschen mit einer positiven Energie angezogen. Sei so ein Magnet.

Was bringt Dir ab heute mehr Energie?

20

ACHTE AUF DEINE KÖRPERHALTUNG

Du bist ein Gewinner. Ein Champion. Ein Meister. Ein Triumphator. Du hast das Gewinnergen, das sieht man Dir schon aus der Ferne an.

Gewinner erkennst Du an ihrer Körperhaltung.

Gewinner gehen aufrecht.

Gewinner haben einen klaren Blick.

Gewinner schauen anderen in die Augen.

Gewinner sind voll da.

Gewinner haben volle Präsenz.

Gewinner atmen tief.

Gewinner stehen fest auf dem Boden.

Gewinner strahlen Männlichkeit aus. Gewinnerinnen Weiblichkeit.

Gewinner ruhen in sich selbst.

Gewinner vermitteln anderen allein durch ihr Auftreten Vertrauen, Sicherheit und Stärke.

All das machen Gewinner mit ihrem Körper.

Steh, beweg Dich und atme wie ein Gewinner. **Haltung beeinflusst Haltung.** Wenn wir uns persönlich begegnen, stell bitte sicher, dass ich einem Gewinner die Hand schüttle.

21

TRAINIERE JEDEN TAG EIN BISSCHEN

Dein Körper ist das Werkzeug Deines Geistes. Dein Körper ist der Wohnort Deiner Seele.

Sorge dafür, dass Dein Körper ein lebenswertes Zuhause ist. Wenn Du Deinen Körper trainierst, fühlst Du Dich besser. Du bist motiviert, Du bist stolz auf Dich. Training ist immer gut und richtig.

Trainiere jeden Tag im rechten Maß. Jogge 10 Minuten. Walke 15 Minuten. Fahre 15 Minuten Fahrrad. Mach 10 Minuten Krafttraining. Muss nichts Großes sein. Doch mach jeden Tag etwas, das Dir Energie, Kraft, Power und damit Selbstvertrauen gibt.

Egal, wo Du aktuell stehst, entscheidend ist, dass Du startest. Das ist das Schwierigste.

Verpflichte Dich:

In der ersten Woche machst Du 2 Übungen. In der zweiten Woche: 3 Übungen. Dann 4 Übungen usw.

Du hast einen Körper, den Du jeden Tag mitnehmen musst. Du schläfst mit ihm. Du zeigst ihn anderen Menschen. Trainiere Deinen Körper, um ihm zu zeigen, Du hast ihn unter Kontrolle. Nicht er Dich. **Je wohler Du Dich in Deinem Körper fühlst, umso selbstbewusster trittst Du auf.**

Keiner von uns wird seinen Körper lebend verlassen – bis dahin viel Spaß mit ihm!

22

GEH FRÜH ZU BETT

Jeder Mensch braucht mindestens 6 Stunden Schlaf. Probiere es auf Dauer bitte nicht mit weniger. Du raubst Deinem Körper Tiefschlafphasen, bist unkonzentriert, launisch, machst Fehler, wirst unberechenbar und gehst Deinem Umfeld damit gewaltig auf die Nerven. Es ist wissenschaftlich erwiesen, dass jeder Mensch mindestens 6 Stunden Schlaf am Stück braucht.

Die Wahl des Einschlafzeitpunktes ist entscheidend. Spätestens ab 21 Uhr machen die meisten Menschen nichts mehr wirklich Produktives. Du machst nichts mehr für Deinen Erfolg.

Es ist ein Erfolgsgeheimnis der Erfolgreichen. Wenn nichts mehr passiert, was sie in ihrem Leben voranbringt, dann geben sie ihrem Körper das, was er am meisten braucht: Schlaf. Zeit ist Dein kostbarstes Gut.

Gewöhn Dir an, um 21 Uhr, spätestens um 22 Uhr im Bett zu sein.

Jetzt kommt der positive Nebeneffekt. Wenn Du um 21 Uhr im Bett liegst und sieben Stunden schläfst, wachst Du um 4 Uhr auf und bist gut ausgeruht. In den Morgenstunden von 4 bis 8 Uhr bist Du am produktivsten. Jetzt hast Du 3 bis 4 Stunden Vorsprung vor allen anderen.

Setz Dir zum Ziel, jeden Morgen mit der Sonne aufzustehen, sie ist das Energiezentrum der Welt.

Wenn alle ihre erste Tasse Kaffee trinken, um in die Gänge zu kommen, habe ich bereits mein Krafttraining absolviert, meine Ziele aufgeschrieben und visualisiert und oft schon meine wichtigste Tagesaufgabe beendet.

23

KÜMMERE DICH
UM DICH SELBST

Der wichtigste Mensch in Deinem Leben bist Du selbst. Nur wenn es Dir gut geht, wenn Du innerlich ausgeglichen und gefestigt bist, kannst Du Deine Aufgabe auf dieser Welt bestmöglich erfüllen. **Das Geheimnis dafür ist die ICH-Stärkung.**

Die ICH-Stärkung gehört auf Deinen Tagesplan. ICH-Stärkung heißt, Du sorgst dafür, dass Du in Deiner inneren Kraft bist.

1. Was tut Dir gut? Eine Massage? Eine halbe Stunde Zeit für Dich. Etwas Yoga? Meditation? Sport? Auf dem Sofa ausruhen? Zeig Dir, wer die Nummer 1 in Deinem Leben ist.

2. Nimm Dir jeden Tag mindestens eine halbe Stunde Zeit für Dich selbst. In dieser Zeit machst Du nur, was Dir guttut.

3. Besinn Dich auf Deine innere Kraft. Das Kraftzentrum jedes Menschen ist die eigene Familie. Egal, wie gut oder schlecht das Verhältnis zu Deinen Eltern war oder ist. Hol Dir diese Kraft: Stell Dir vor, wie Deine Eltern vor Dir stehen. Schau ihnen in die Augen und sage: »Danke, Mama. Danke, Papa. Danke, dass ihr mir das Wichtigste gegeben habt – mein Leben. Bitte, gebt mir euren Segen und schaut gut auf mich, damit mein Leben gelingt.« Du siehst, wie Deine Eltern nicken, Dich anlächeln und umarmen. Alle Eltern wollen, dass ihr Kind glücklich ist.

Wer ein starkes ICH, einen stabilen Stand im Leben hat, der kann die Welt erobern, ohne selbst abzuheben und Opfer seines eigenen Erfolgs zu werden.

24

BAU DEIN SELBSTVERTRAUEN AUF

Selbstvertrauen heißt, Dir selbst zu vertrauen. Jeder braucht es. **Die Größe Deiner Erfolge hängt von der Größe Deines Selbstvertrauens ab.** Du trainierst und entwickelst es. Selbstvertrauen ist ein Muskel. Wie sehr hast Du diesen Muskel bis heute trainiert?

Selbstvertrauen hilft Dir, Dich zu zeigen. Deinen Weg zu gehen. Deine Meinung zu sagen. Für Dich und Deine Überzeugungen einzustehen. Damit Du machst, was Du machen möchtest, Dich präsentieren, verkaufen und die Welt erobern kannst.

Selbstvertrauen baust Du in 3 Schritten auf.

1. Komm ins Handeln – SOFORT. Nichts macht erfolgreicher als der Erfolg. Klettere die Leiter Stück für Stück nach oben.

2. Mach jeden Tag einen kleinen Schritt. Fang mit kleinen Erfolgserlebnissen an. Zum Beispiel einen Tag lang keinen Zucker essen. 2 Minuten vor Menschen sprechen. Offen den eigenen Standpunkt kommunizieren, gerade wenn er nicht der Gruppenmeinung entspricht. Auf fremde Menschen zugehen.

3. Attackiere Deine Ängste. Lies dazu noch einmal das 14. Geheimnis.

Wir hätten gerne, dass andere unser Selbstvertrauen aufbauen, uns bestärken und bestätigen. Das tut gut, doch ist nie dauerhaft. Weil Du von diesen externen Impulsen abhängig wirst. Kaum bist Du allein, fällst Du wieder wie ein Luftballon in sich zusammen. Gib es Dir selbst. Wecke den Giganten in Dir. Den inneren Riesen. Er schlummert seit Deiner Geburt in Dir und wartet auf seine Befreiung.

25

DU KANNST
NIE SCHEITERN!

Sei bereit zu scheitern, weil Du weißt: Scheitern ist unmöglich. Du kannst einen Rückschlag erleiden, aber Du kannst nicht scheitern – außer Du gibst auf.

Wenn es nicht klappt, mach es noch mal! Probiere es wieder! Wenn Du nicht aufgibst, gibt es kein Scheitern. Versteh das! Sei bereit für Rückschläge, weil Du dadurch am schnellsten lernst und immer besser wirst.

Diese Einstellung hilft Dir: Wenn ich mir ein Ziel setze, ist es nur eine Frage der Zeit, bis ich es erreicht habe. Aufgeben ist keine Option. Wenn ich 3000 Mal hinfalle, stehe ich 3000 Mal wieder auf und starte den nächsten Versuch. Mach Dir bewusst, dass es unmöglich ist, zu scheitern.

Es ist keine Frage, ob ich mein Ziel erreiche. Es ist nur eine Frage, WANN ich es erreiche.

26

SEI DER GRÖSSTE, DER DU SEIN KANNST

Muhammad Ali hat es gesagt. Usain Bolt sagt es in jedem Interview: »Ich bin der Größte.«

Warum bist Du nicht der/die Größte? Es geht nicht um Berühmtheit, sondern um eine innere Einstellung. Frag Dich: Wie kann ich der Größte für meine Kinder sein? Wie kann ich der oder die Größte für meinen Partner sein? Ich sage so oft zu meiner Frau: Du bist für mich die Größte! **Ein Durchschnittsmensch wird von niemandem beachtet.** Sei die/der Größte. Die Größte für Deinen Arbeitgeber, Deine Kunden, Deine Kinder. Der Größte für Dein Umfeld. Nelson Mandela sagte: »Du tust Dir keinen Gefallen, wenn Du Dich kleinhältst, nur damit andere sich in Deiner Gegenwart nicht unwohl fühlen. Strahle so hell wie möglich. Dann gibst Du anderen die Erlaubnis, ebenfalls zu strahlen.«

Worin möchtest Du gerne die/der Größte sein? Such Dir etwas aus: Mutter, Vater, Karriere, Freundschaft, Gesundheit, Geld, Partnerschaft. Vielleicht in einer Sache. Es geht darum, dass Du am Ende Deines Lebens sagen kannst: »Da habe ich wirklich mein volles Potenzial ausgeschöpft.«

Lös Dich von dem unbewussten Wunsch, wie alle anderen zu sein. Bloß nicht auffallen. Deine Pubertät ist vorbei. Du musst nicht die beliebteste Person sein. Kopiere nicht den gewöhnlichen beruflichen Erfolg, das normale finanzielle Einkommen, die mittelmäßige Ehe. Strebe danach, der Größte zu sein, der Du sein kannst. Das hält Dich motiviert, und Du holst das Beste aus Dir heraus.

27

FOKUSSIERE DICH
AUF EINE SACHE

Wenn Du WIRKLICH außergewöhnlich sein willst, dann richte Deinen Fokus auf eine einzige Sache.

Wir leben in einer defokussierten Gesellschaft. Jeder will Deine Aufmerksamkeit. **Die größte Kunst ist es, Deine Gedanken, Deinen Fokus auf Deine große Vision zu lenken und alles, was Dich davon ablenkt, auszublenden.**

Wie wird Deine Vision Realität? Sich zu verwirklichen heißt, sich zu materialisieren. Materie ist verdichtete Energie. Du hast jeden Morgen 100 Prozent Energie. 100 Prozent Fokus. Richte diese 100 Prozent gebündelt auf Deine große Vision, bis sie sich verwirklicht. Materialisiert.

Menschen erreichen nichts Großartiges, keine Außergewöhnlichkeit, weil sie ihren Fokus vom Alltagswirrwarr zerstreuen lassen. Die gefährlichsten Defokussierer sind Smartphone, Facebook, Instagram, WhatsApp, die Zeitungsschlagzeilen, Nachrichten, die Meinung anderer Leute. Im Kopf der meisten Menschen herrscht Chaos und Unruhe. Dauerüberschwemmung. Eine Flut an Informationen. Dadurch fehlt ihnen die persönliche Klarheit.

Fokussiere Dich auf eine Sache. Dann hast Du diesen Tunnelblick, der schnelle Ergebnisse produziert. Ich garantiere Dir, wenn Du keine Ergebnisse bekommst, hast Du keinen Tunnelblick. Der größte Gewinn: Es macht Dein Leben so viel einfacher.

Je weniger Dingen Du Deine Aufmerksamkeit schenkst, desto einfacher ist Dein Leben.

Worauf willst Du Deinen Tunnelblick ab heute richten?

28

SEI BESESSEN!

**Besessenheit ist ein Geschenk – keine Krankheit,
ein Talent – keine Störung,
eine Gabe – kein Fehler.**

Lass uns das Wort Besessenheit definieren: Besessen bist Du, wenn ein Gedanke oder ein Gefühl Deinen Kopf und Deinen Körper dominieren. Ein Teil von Dir sind. Du denkst die ganze Zeit über diese eine Sache nach. Du hast sie verinnerlicht, fühlst sie ganz konkret.

Wenn Du etwas Großes in Deinem Leben erreichen willst, ist Besessenheit eine Grundvoraussetzung. Und solange Du nicht besessen von Deinem Ziel bist, nimmt Dich keiner ernst. Erst durch Besessenheit spüren die anderen Dein Feuer, Deine Leidenschaft, Dein Brennen, die sich in jeder Zelle Deines Körpers manifestiert haben.

Zeig mir einen Menschen, der etwas Großartiges erreicht hat und nicht von dieser Sache besessen war. Du wirst ihn nicht finden. Jeder Künstler, jeder Unternehmer, jeder Sportler ist besessen von dem, was es tut.

Boris Becker hat zu seiner aktiven Profizeit gesagt: »Ich spiele Tennis. Ich esse Tennis. Ich trinke Tennis. Ich schlafe Tennis. Ich bin Tennis – 24 Stunden am Tag.«

Sei besessen von Deinen Zielen, Träumen und Visionen. Sonst bist Du besessen von Deinen Ängsten. Deinen Sorgen. Deinen Entschuldigungen, warum es nicht geht.

Es gibt so viele Menschen, die mit angezogener Handbremse durchs Leben gehen, weil sie ständig darüber nachdenken, was alles schiefgehen könnte.

Erkennst Du das Muster? Sie sind besessen. Doch es ist die falsche Besessenheit – die Besessenheit durch Sorgen, Ängste, Zweifel, Minderwertigkeit.

Entwickle eine neue Einstellung zum Wort Besessenheit und werde besessen von Deiner größten Vision.

29

SEI EIN VORBILD

Jeder Mensch sucht ein Vorbild. Eine Orientierungshilfe. Wer ist das bei Dir?

Werde Du ein Vorbild für andere Menschen.

Zeige Menschen durch Dein Tun, dass Du ein Vorbild ist. Nicht durch reden oder Tricks, sondern durch Taten. Lass Taten sprechen. Sei eine Inspirationsquelle. Inspiration bedeutet, Du zeigst oder lebst anderen Menschen ein höheres Level vor und weckst damit in ihnen das Bedürfnis, auch dorthin kommen zu wollen.

Das ist heute leichter denn je. Du bist automatisch ein Vorbild, wenn Du immer Dein Bestes gibst, freundlich und gut gelaunt bist, anderen Menschen hilfst, eine positive Energie ausstrahlst. Sei ein Vorbild.

Oft reichen ganz kleine Dinge, ein Blickkontakt, ein Lächeln und ein Satz: »Ich wünsche Dir einen genialen Tag.«

Du sitzt in einem vollen Restaurant. Die Bedienung ist sehr freundlich zu Dir. Hinterlasse ihr einen handgeschriebenen Zettel: »Danke für den tollen Service und dass Sie trotz voller Tische und viel Stress immer freundlich zu Ihren Gästen waren.«

Sei für möglichst viele Menschen ein Vorbild, von dem viele unbewusst Dein positives Verhalten übernehmen. Jeder Mensch dient anderen, entweder als Vorbild oder als Warnung. Was willst Du sein?

30

**BEENDE ALLES,
WAS DU ANGEFANGEN
HAST**

Immer! Selbst wenn Du diese Sache hasst, zieh sie durch – weil Du Dein Wort darauf gegeben hast. Das gibt Dir Würde, Selbstwert und ein gutes Gewissen. Es lässt Dich stolz sein, weil Du Dein Wort hältst. Wer soll sich auf Dich verlassen, wenn Du Dich nicht selbst auf Dich verlassen kannst? Sei ein Finisher, der den Sack immer zumacht und keine offenen Baustellen hinterlässt.

»Christian, ich habe etwas zugesagt, worauf ich keinen Bock habe«, sagte in einem Seminar ein Praktikant zu mir, »Pflege im Altersheim. 6 Wochen lang. Ich habe nach 3 Tagen gemerkt, das ist nicht meins.«

Du hast Deine Zusage gegeben – steh dazu! Du lernst in diesen 6 Wochen, Dich durchzubeißen. Punkt. Danach musst Du für den Rest Deines Lebens beruflich kein Altersheim mehr betreten. Glaub mir, Du wirst in dieser Zeit mehr über Dich, Ausdauer und Ehrlichkeit lernen als durch 100 Erfolgsbücher.

Als 12-Jähriger wollte ich während der Saison mit dem Fußball aufhören. Doch meine Mutter hat es mir verboten: »Christian, Du hast dem Team Deine Zusage gegeben. Nach der Saison kannst Du aufhören, doch Du ziehst es jetzt mit 100 Prozent Einsatz durch.«

Danke, liebe Mama, dass Du mir beigebracht hast, Dinge durchzuziehen und zu beenden.

Ein JA ist ein JA! Eine Verpflichtung Dir selbst gegenüber.

Zeig allen in Deinem Umfeld, dass Du der verlässlichste Mensch der Welt bist. Du glaubst, das sei nicht so wichtig? Du hast keine Ahnung!

31

SEI IMMER ZU FRÜH

Ich möchte Dir von einem ganz besonderen Mann erzählen. Geboren 1910, gestorben 2010. Wir sprechen über den erfolgreichsten Basketballtrainer aller Zeiten, eine Legende: John Wooden. Er war ein sehr, sehr guter Trainer und eine noch viel beeindruckendere Persönlichkeit.

Es ist der 4. Dezember 2004, es ist 16.15 Uhr. John Wooden sitzt mit seinem Enkel im Hilton Hotel in Anaheim in Kalifornien. Er ist der Ehrengast eines Galadinners, das um 19 Uhr beginnt. Es steht ihm allerdings frei, irgendwann zu erscheinen, falls er Lust und die Kraft dazu hätte.

Sein Enkel ist überrascht, als sein Opa um 16.30 Uhr sagt, es sei Zeit aufzubrechen. Um 16.40 Uhr begrüßt John Wooden jeden Hotelangestellten im Veranstaltungsraum persönlich mit Handschlag und einigen netten Worten.

Als die ersten Gäste um 17.15 Uhr im Hotel eintreffen, sind sie sehr überrascht, dass der Ehrengast des Abends bereits mit dem Glas Sekt in der Hand auf sie wartet. John Wooden kannte sein Leben lang nur eine Ankunftszeit: **ZU FRÜH.**

Wenn Du früher als verabredet erscheinst, zeigst Du Deinen Mitmenschen, dass ihre Zeit genauso kostbar ist wie Deine. Zu früh da zu sein demonstriert Charaktereigenschaften wie Verlässlichkeit, Vertrauen und eine gute Selbstorganisation.

Vor allem zeigt, zu früh zu sein das, was Coach Wooden am wichtigsten war: **Wertschätzung für seine Mitmenschen.**

32

LIEBE SELBSTREFLEXION

Viele Menschen entwickeln sich nicht weiter, weil sie kein Feedback bekommen und weil sie die Kunst der Selbstreflexion nicht beherrschen. Selbstreflexion heißt, das eigene Denken und Handeln zu hinterfragen, um die eigenen Ergebnisse immer weiter zu optimieren. Zu kontrollieren, zu analysieren, nachzudenken, zu planen, sich selbst und sein tägliches Tun NEU auszurichten.

Wer sich selbst reflektieren kann, ist Herrscher über die eigene Zukunft. Die meisten Menschen sind dazu nicht in der Lage und erkennen ihre eigenen Fehler und Schwachpunkte nicht. Ein Satz, der fehlende Selbstreflexion ausdrückt: »Das ist halt so! So bin ich halt.« Nein, Du akzeptierst es so.

Ändere es, wenn es nicht gut ist. Nimm Dir jeden Tag nur 5 Minuten Zeit, um den heutigen Tag zu evaluieren und Dich kritisch zu hinterfragen. Warte nicht darauf, dass andere das tun. Lerne selbst zu reflektieren.

Meistens fangen wir erst an, über uns selbst nachzudenken, wenn wir einmal richtig auf die Schnauze gefallen sind. Ich gebe Dir wertvolle Fragen dazu:

1. Was läuft gut?
2. Was muss ich noch lernen oder verbessern?
3. Was habe ich falsch gemacht? Was mache ich beim nächsten Mal anders?
4. Wie kann ich immer wertvoller und für andere unersetzbar werden?
5. Macht mich mein aktueller Weg dauerhaft glücklich?

33

**MEIDE MENSCHEN, DIE
KEINE VERANTWORTUNG
FÜR IHR LEBEN
ÜBERNEHMEN**

Eine ganz einfache und klare Erfolgsregel. Trenn Dich von Menschen, die die Schuld bei anderen suchen.

Nein, versuche nicht, sie zu ändern.

Nein, versuche nicht, sie zu erziehen.

Nein, versuche nicht, ihre Einstellung zu korrigieren.

Diskutiere nicht mit ihnen.

Geh einfach und lass sie weiterjammern.

Es gibt 7 Milliarden Menschen auf dieser Welt. Such Dir die für Dich richtigen aus. Nicht jeder Partner ist der richtige für Dich. Nicht jeder Chef ist der richtige für Dich. Nicht jeder Mitarbeiter ist der richtige für Dich. Auch nicht jeder Kunde.

Du bist kein Sklave Deiner Umstände. Du hast die Wahl. Jeden Tag aufs Neue. Das ist Freiheit. Menschen, die nicht die volle Verantwortung übernehmen, gehören nicht dazu, weil sie heute in Deiner Gegenwart mit dem Finger auf andere zeigen. Morgen zeigen sie auf Dich.

Ich habe das im Basketball oft genug erlebt. Ich habe Spielern in der ersten Trainingswoche angemerkt, dass sie Jammerlappen und Ausredensucher sind. Wenn es in der Saison schwierig wurde, wir ein paar Spiele verloren hatten, ging es los: »Der Trainer glaubt nicht an mich. Der Trainer ist zu hart. Der Trainer behandelt mich schlecht. Die Einsatzzeiten sind unfair verteilt …«

Ich habe gelernt: Ein Team funktioniert am besten ohne solche Spieler. Also habe ich sie vor die Tür gesetzt. Mach Du das auch in Deinem Umfeld. Dein Leben wird fröhlicher, einfacher und erfolgreicher.

Ja, so einfach ist das!

34

SEI CHARISMATISCH

Sei jemand, den man gern hat. Charisma aufzubauen geht relativ einfach. Analysiere Menschen, in deren Gegenwart Du Dich absolut wohlfühlst. Achte darauf, was sie tun, und tu das Gleiche. Du wirst höchstwahrscheinlich auf sieben Gemeinsamkeiten stoßen:

1. Sie sind vertrauenswürdig und zeigen Interesse an Dir als Person.

2. Sie haben eine positive Ausstrahlung – Du fühlst Dich in ihrer Gegenwart wohl.

3. Sie respektieren Deine Meinung, selbst wenn sie anderer Ansicht sind. Anstatt Dir zu widersprechen, fragen sie genauer nach. Erst dann bringen sie sich ein und lassen beide Meinungen stehen, anstatt zu sagen, dass Du falsch liegst.

4. Sie loben und bestätigen Dich, kritisieren Dich nicht und stellen Deine Schwächen nicht bloß.

5. Sie sind präsent, voll bei Dir und geben Dir ein Gefühl von Wichtigkeit.

6. Sie sind höflich und schieben Dich in den Mittelpunkt – nicht sich selbst.

7. Sie reden 30 Prozent – Du sprichst 70 Prozent.

Fühlst Du Dich in der Gegenwart solcher Menschen wohl? **Dann werde so ein Mensch – JETZT!**

35

WÄHLE DEINE WORTE WEISE

Du wirst, was Du denkst. Worte sind hörbare Gedanken. Ich lausche Deinen Worten, und ich weiß, wie Du denkst. Deine Worte formen Dein Leben, und Worte beeinflussen Dein Gegenüber – immer.

Worte sind die größte Macht der Welt, das heißt: Du bist mächtig.

Du kannst mit Worten Menschen aufbauen und ihnen Flügel verleihen. Sehe in jedem Menschen mehr, als er in sich selbst sehen kann. Menschen lieben Menschen, die in ihnen Dinge sehen, die sie in sich selbst noch nicht erkennen können. Sei ehrlich und authentisch, das sind zwei wichtige Worte. Sag jemandem, was Du in ihm siehst, und Du verleihst ihm vielleicht Flügel, mit denen er die nächsten Jahre erfolgreich durchs Leben fliegt. »Maria, Du kannst so wunderbar singen. Das ist ein Geschenk für die Welt. Du solltest diese Kunst ausweiten und Dich für den nationalen Chor bewerben.«

Worte können genauso verletzen. Persönliche Kritik ist, als würdest Du ein Messer nehmen und den Unterarm des Gegenübers ritzen. Ja, der Schnitt wird verheilen, doch die Narbe bleibt. Die Seele eines Menschen, der zu oft verletzt wurde, heilt nicht mehr – sie hat zu viele Narben. Er glaubt nicht mehr an sich.

Worte sind die größte Macht der Welt – nutze sie weise.

Es gilt das Ressonanz-Prinzip: Was Du zu anderen Menschen sagst, beeinflusst ihre Aussage über Dich.

Bevor Du etwas sagst, halte inne, und wenn Du Dir nicht sicher bist, ob die Worte Deinem Gegenüber helfen – sprich sie nicht aus.

36

VERGLEICHE DICH NICHT MIT ANDEREN

Für einige ist der Vergleich mit anderen pure Motivation. Vor allem für Sportler. Dann nutze das. Für die meisten Menschen ist der Vergleich jedoch ein Selbstvertrauenskiller, weil ihr Selbstwert leidet. Sie fühlen sich klein, wertlos, unbedeutend.

Vergleiche Dich nicht mit anderen! Hör auf damit! Gib lieber Dein Bestes. Wenn Du Dich abends vor den Spiegel stellst und laut sagen kannst: »Ich habe heute mein Bestes gegeben – das ist gut genug.« Dann bist Du Dein größter Erfolg.

Der Vergleich mit anderen Menschen ist der direkte Weg in die eigene Unzufriedenheit, denn es gibt immer jemanden, der besser ist als Du. Die hübscher ist als Du. Menschen, die erfolgreicher sind als Du. Die mehr haben als Du.

Am Ende der Erfolgsleiter kann immer nur einer stehen. Und auch der wird bald vom Thron gestoßen und ersetzt.

Anstatt der Beste sein zu wollen – gib lieber Dein Bestes. Das ist gut genug!

37

TÖTE DEINE SELBSTZWEIFEL

Warum bist Du nicht reich? Warum machst Du nicht Dein Ding? Weil Du an Dir selbst zweifelst. Du zweifelst, ob Dir Erfolg, Geld, Glück zustehen. Wenn Du etwas noch nicht hast, verfolgst oder machst, liegt das an Deinen Selbstzweifeln. Du bist in einem Umfeld groß geworden, das Zweifel bezüglich Erfolg, Glück und Geld verstärkt hat.

Es gibt keine Selbstzweifel. Alle Zweifel sind die Zweifel von anderen. Du hast diese Zweifel übernommen. Jemand hat Dich davon überzeugt. Du bist damit nicht geboren worden. Alle Zweifel sind Dir eingeimpft worden. »Das kannst Du nicht. Du bist zu jung.«

Das sind die Zweifel anderer Menschen, denen Du erlaubt hast, sie auf Dich zu übertragen. Deren Zweifel haben sich in Deinem Kopf eingenistet.

Du sollst Dich nicht von dem lösen, was in Dir steckt. Du sollst Dich von dem lösen, was in Dich gesteckt wurde.

Menschen sagen zu Dir: »Sei einfach glücklich. Geld macht nicht glücklich.« Hey, ohne Geld kannst Du nicht glücklich sein, weil Du ohne Geld heutzutage nichts mehr machen kannst.

»Ich habe kein Geld.« Das stimmt nicht. Du bist reich an falschen Gedanken. Negativen Glaubenssätzen. 80 Milliarden Zellen vergiftest Du mit schlechtem Essen, Alkohol, Zigaretten, Medikamenten. Dein Umfeld hat falsche und schlechte Gedanken in Dich eingepflanzt. Zweifel werden seit Jahrzehnten in Deinem Kopf gesät.

Du brauchst keine Affirmationen. Du musst Dich von den ganzen äußeren Einflüssen lösen!

38

SELBSTLIEBE IST DER SCHLÜSSEL ZU ALLEM

Willst Du beliebt oder erfolgreich sein?

Willst Du die nette Person von nebenan sein, die keinem wehtut, oder Dein Ding machen?

Willst Du es allen recht machen wollen oder Deinen Weg gehen?

Das ist eine rhetorische Frage. Die Wahrheit ist: Du kannst es nie allen recht machen.

Es gibt immer Menschen, die Dich mögen. Andere, die Dich nicht mögen. Willkommen im Leben!

Wichtig ist, dass Du Dich selbst liebst! Zu Dir selbst stehst. Selbstliebe ist der Schlüssel zu allem.

Das nächste Mal, wenn Du wieder beliebt sein willst, anstatt Deine Meinung zu sagen oder Dein Ding zu machen, sprich laut vor Dich hin: Wenn ich es immer allen recht mache, sind am Ende alle mit mir zufrieden, außer ich selbst. Everybody's Darling ist everybody's Depp.

Dann machst Du es bewusst einmal anders und gehst auf Konfrontationskurs. Lerne erst einmal, Dich unbeliebt zu machen, dann wirst Du auch ernst genommen. Sorge dafür, dass man Dich ernst nimmt, dann kannst Du auch erfolgreich werden.

Das ist die wirkliche Aufgabe für die meisten Menschen. **Wer erfolgreich werden will, muss sich Respekt verdienen und erarbeiten. Und sich selbst lieben.**

39

KÜMMERE DICH NICHT
UM DIE GEDANKEN ANDERER

Was andere über Dich denken, braucht Dich nicht zu interessieren.

Erfolgsverhinderer Nummer 1 ist, dass sich viele Menschen die ganze Zeit Gedanken darüber machen, was andere über sie denken könnten, anstatt sich Gedanken darüber zu machen, was sie als Nächstes tun können, um ihre Ziele zu erreichen.

Kümmere Dich nicht um die Gedanken anderer. Du vergeudest Lebenszeit. Du wirst Folgendes nie verhindern: Wenn Du etwas machst, und 20 Leute schauen Dir dabei zu, dann bilden sich 20 Leute ihre eigene Meinung darüber, was und wie Du das machst. Na und? Es ist ihr gutes Recht. Lass sie. **Meine Gedanken sind meine Gedanken. Und Deine Gedanken sind Deine Gedanken!** Meine bleiben bei mir. Deine bleiben bei Dir.

Wenn Du anderer Meinung bist, dann hast Du Meinung A und ich Meinung B. Lassen wir sie nebeneinanderstehen. Wir stimmen überein, dass wir nicht übereinstimmen. Das muss keinerlei Harmonie zerstören.

Eine gute Einstellung, um eigenverantwortlich zu handeln, ist die folgende: Ich bin nicht auf dieser Welt, um zu denken, zu sagen und zu tun, was Du Dir von mir wünschst. Und Du bist nicht auf dieser Welt, um mich zu bestätigen.

40

DENKE IN CHANCEN UND MÖGLICHKEITEN

Alles im Leben hat zwei Seiten. Zu allem Positiven gibt es einen negativen Aspekt. Wenn Du Dich für etwas entscheidest, entscheidest Du Dich automatisch auch gegen etwas. Und für jedes Ziel, das Du verfolgst, bezahlst Du einen Preis. Wenn Du Dich für ein Essen im Restaurant entscheidest, entscheidest Du Dich gegen alles, was sonst noch auf der Speisekarte steht.

Alles im Leben gleicht einer Medaille mit den berühmten zwei Seiten: Eine Seite mit den Pros, den positiven Aspekten. Die andere Seite mit den Cons, den negativen Aspekten. Du darfst entscheiden, auf welche Seite Du schaust.

Mach Dein Leben einfach, indem Du primär auf die positive Seite schaust. Erkenne die Chance in jeder Situation. Denke in Möglichkeiten. Wenn etwas Negatives passiert, lerne daraus und werde besser. **Sehe in allem das Gute.**

Dieser Blickwinkel gibt Dir Motivation, Energie und das Verständnis, dass alles im Leben in Wirklichkeit immer für Dich passiert, nie gegen Dich. Dass alles, was in Deinem Leben passiert, passieren muss, weil das Leben Dir damit etwas sagen möchte. Es schickt Dir eine Lektion, die Du zu lernen hast, damit Du den nächsten großen Schritt nach vorn machst.

Wenn Du in 90 Prozent der Fälle das Positive, die Chance, das Gute, die Möglichkeit erkennst, machst Du den schnellstmöglichen Fortschritt.

Und wofür stehen die restlichen 10 Prozent? Hab ein Auge auf die Gefahr, den Preis, den es zu zahlen gibt. Du willst nicht blauäugig sein oder gar blind durchs Leben gehen.

41

STREBE NACH MAXIMALER AUFMERKSAMKEIT

Es gibt so viele Menschen, die sind richtig, richtig gut in dem, was sie machen. Doch sie haben ein Problem: Keiner weiß es. Damit kann auch keiner ihr Können oder ihre Dienstleistung in Anspruch nehmen.

Strebe nach maximaler Aufmerksamkeit. Werde so groß, dass alle in Deiner Branche über Dich reden. **Du brauchst Aufmerksamkeit.**

Sonst würdest Du die wichtigste Erfolgsregel der freien Wirtschaft verletzen, nämlich, dass Du in dem Moment stagnierst, in dem Du nicht mehr sichtbar bist.

Du brauchst ein richtig gutes Produkt. Eine super Dienstleistung. Oder Du musst etwas sehr gut können. Das ist Schritt Nummer 1.

Nach Schritt 1 muss Schritt 2 folgen: Du brauchst maximale Aufmerksamkeit. Hier beginnt das Problem. Viele Menschen mögen Aufmerksamkeit nicht, weil Aufmerksamkeit automatisch auch Kritik mit sich bringt.

Zeig Dich! Investiere nicht Energie, Dich kleinzuhalten. Fahr die große Nummer! Ohne Aufmerksamkeit kannst Du nicht wachsen. Du hältst Dich selbst klein. Sorge für maximale Aufmerksamkeit. Rede über das, was Du machst. Wenn Du kritisiert wirst, dann weißt Du, dass Du genug Aufmerksamkeit bekommst, und dann geht es darum, aufs nächste Level zu kommen.

Sei groß, wenn Du in einen Raum gehst, auf andere Leute zugehst, sei immer groß und von allen zu sehen. Lerne, Aufmerksamkeit zu generieren und zu genießen.

42

SEI DEIN GRÖSSTER FAN

Wirklich! Wenn Du Dich nicht bejubelst, wer soll Dich dann bejubeln?

Brenne lichterloh bei allem, was Du machst. **Sei das Feuer, das andere entzündet.** Sei das Feuer, das so groß ist, dass andere kommen, um sich daran zu erwärmen, zu erfreuen.

Sei Dein Fan, sodass der Feuerfunke überspringt, Dein Gegenüber entzündet wird, weil es sich anzünden lassen will. Menschen sind gerne Teil eines großen Feuers. Mach das Feuer so groß, dass sogar die Konkurrenz kommt, um sich daran zu wärmen, Inspiration und Energie zu holen.

Sei Dein größter Fan. Du darfst es werden, wenn Du 3 Dinge bejahst:

1. Du hast eine Top-Einstellung
2. Du hast einen wertvollen Charakter und bist eine Hilfe für Dein Umfeld.
3. Du weißt, wofür Du stehst und wofür Du nicht stehst. Du weißt, was Du nicht kannst. Du weißt, was Du nicht machst. Du weißt, wozu Du Nein sagst.

Ich wünsche Dir den Mut, Dich selbst als größten Fan zu haben. Dass Du so viel Selbstvertrauen und Selbstwert hast, dass wenn Du einen Raum betrittst und fremde Menschen begrüßt, Du Dir denkst: Ich mag Dich. Und wenn ich Du wäre, dann wäre ich lieber ich.

Schreib Dir 5 Erfolge auf und bejuble Dich dafür.

43

ENTDECKE DAS GÖTTLICHE IN DIR

»Gott ist ein Wissenschaftler, kein Magier.«
(Albert Einstein)

Gott ist die grenzenlose Intelligenz in Dir – in Deinem Unterbewusstsein. Stell Dir Gott als den größten Wissenschaftler des Universums vor, der den Kosmos durch immer gleichbleibende mathematische Gesetze regiert. Diese Macht, diese Energie wohnt auch in Dir. Sie steckt in jedem Menschen.

Öffne Dich für diese Macht, lass sie durch Deinen Körper fließen. Dann werden in Deinem Leben Wunder geschehen. **Die Macht des Göttlichen in Dir ist die größte Entdeckung, die ein Mensch machen kann.**

Du nutzt bereits diese göttliche Macht, bewusst und unbewusst. Wenn Du einen Finger hebst, steuert das die unendliche Intelligenz in Dir. Wenn Du schläfst, atmet sie in Dir weiter und überwacht alle Vitalitätsfunktionen. Wenn Du Dich verletzt, lässt die Heilkraft in Dir neue Zellen wachsen, die die Wunde schließen. Wie funktioniert das? Siehst Du, es hat etwas Göttliches?

Wie findest Du Zugang zu dieser Macht?

1. Akzeptiere, dass diese unendliche Kraft die einzige Macht in diesem Universum ist.
2. Alles ist ein göttlicher Selbstausdruck: jedes Tier, jede Pflanze, jeder Mensch. Diese Erkenntnis ist das Größte überhaupt.
3. Die unendliche Intelligenz ist in Dir und in allen anderen Menschen. Sie wirkt und denkt durch Dich.

Gottes Wille ist es, sich immer mehr durch Dich auszudrücken. Dein Wunsch nach Wachstum kommt von Gott. Akzeptiere diesen Wunsch jetzt. Du bist Gott – sei auch einer!

44

**WENN DU ETWAS NEUES
LERNEN MÖCHTEST, BIST
DU 7 SCHRITTE DAVON
ENTFERNT**

Diese Faustregel gilt immer. Als ich mich entschieden habe, von Deutschland nach Italien über die Alpen zu laufen – 250 Kilometer, 15 500 Höhenmeter, hat mein Umfeld mit Unverständnis reagiert: »Du machst Dich kaputt. Dein Herz wird explodieren.« Ich war verzweifelt ob dieser ganzen Demotivation und habe mich gefragt: Wo liegt hier der Fehler? Ganz einfach: Diese Aussagen kamen von Menschen, die selbst noch nie einen solchen Lauf gemacht haben.

Also habe ich 10 Läufer des letzten Jahres kontaktiert, ihnen meine Situation geschildert: Ich bin 2 Meter groß, wiege 105 Kilo, bin noch nie einen Marathon gelaufen. Nenne mir die 7 Schritte, die ich befolgen muss, um diesen Lauf zu schaffen. Nach 10 Telefonaten hatte ich einen fertigen Strategieplan.

Du willst Millionär werden? Frag Menschen, die mindestens 3 Millionen besitzen, nach den 7 Schritten zum Millionär.

Du willst 90 Jahre alt werden und gesund altern? Geh ins Altersheim, frag die 100-Jährigen nach ihren 7 Erfolgsgeheimnissen.

Du willst erfolgreicher Unternehmer werden. Frag die erfolgreichsten Unternehmer in Deiner Branche nach den 7 Schritten zum erfolgreichen Unternehmer.

Warum 7 Schritte? Viele Menschen können ihren eigenen Erfolg nicht erklären, reden um den heißen Brei herum oder verlieren sich in unwichtigen Details. Mit dieser Frage lenkst Du sie zu kurzen, exakten Antworten, mit denen Du schnell Deinen Plan entwickeln kannst.

45

SEI GLÜCKLICH

Du kannst Dein Leben so gestalten, dass das Glück wie ein unterirdischer Fluss andauernd durch Deinen Körper und Deine Seele fließt. Ich kann Dir das versprechen, weil mein Leben so ist. **Erschaffe Dir ein 24-Stunden-Dauerglück, das Dich trägt und zu dem Du immer Zugang hast.**

7 Regeln, um den Glücksbach am Fließen zu halten:

1. Glücklich bist Du, wenn Du Dein Leben, Deine Arbeit, Deine Beziehungen spielerisch und mit Spaß angehst.

2. Glücklich bist Du, wenn Du etwas Kreatives tust, etwas Neues aufbaust, in dem Du voll aufgehen kannst.

3. Je wertvoller Dir Dein Tun für andere Menschen erscheint, umso glücklicher bist Du.

4. Wenn es Dir nicht gut geht, tu etwas für andere Menschen und achte darauf, wie schnell Du glücklich wirst.

5. Je mehr Du Dich für andere Menschen interessierst, umso glücklicher bist Du.

6. Glücklich bist Du, wenn Du Dir immer neue, herausfordernde Ziele setzt. Am glücklichsten, wenn Du Zwischenziele erreicht hast.

7. Nachdem Du ein großes Ziel erreicht hast, musst Du Dir sofort ein neues setzen, sonst fällst Du in ein Loch.

Hängen Geld und Glück zusammen, werde ich oft gefragt. Geld macht glücklich, bis die Grundbedürfnisse befriedigt sind. Danach ist Geld kein Glücksproduzent mehr, sondern Geld schafft Freiheit. Finanzielle Freiheit allein macht auch nicht glücklich. Doch wer Freiheit hat, kann sich viele Glücksmomente erschaffen, wenn er mit seinem Geld verantwortungsvoll umgeht.

46

SETZE DIR DAS ZIEL, MILLIONÄR ZU WERDEN

Um immer genug Geld zu haben. Menschen unterschätzen, wie viel Geld sie im Alter wirklich brauchen. Wenn Du aufhörst zu arbeiten, nur 200 000 Euro zur Seite gelegt und keine Rente hast, aber noch 20 Jahre leben möchtest, bist Du jeden Tag am Rechnen, dass Du nicht zu viel Geld ausgibst. Du hast 40 Jahre gearbeitet und musst dann in Deinem Lebensherbst aufs Geld schauen, kannst die Welt nicht bereisen, nicht in die schönen Restaurants gehen, nicht das Leben genießen. Du kannst nicht 20 Jahre von 200 000 Euro leben. Du bist auf externe Hilfe angewiesen. Setze Dir deshalb das Ziel, Millionär zu werden. Ja, eine Million hat nicht mehr annähernd den Wert wie vor 50 Jahren. Doch es ist ein netter Start. Wie wirst Du Millionär?

Indem Du Dich fragst: Wie werde ich Millionär? Stell Dir die Frage so lange, bis Du die Antworten hast. Ich gebe Dir eine: **Hilf einer Million Menschen mit Deinem Produkt, Deiner Dienstleistung, und Du bist garantiert Millionär.** Frag Dich: Wie kann ich einer Million Menschen helfen? Das ist sogar die bessere Frage.

Setze Dir das Ziel, Millionär zu werden, um Dich zu einem Menschen zu entwickeln, der es wert ist, so viel Geld zu haben.

Was für ein Mensch musst Du werden, damit Du es wert bist, 1 Million Privatvermögen zu besitzen?

Wenn Du schon Millionär bist, setze Dir das Ziel, 10-facher Millionär zu sein. Wie wertvoll musst Du als Mensch werden, um 10 Millionen zu haben?

47

**VERDIENE MIT 50
IN EINEM JAHR MEHR
ALS IN DEINEN ERSTEN
20 BERUFSJAHREN
ZUSAMMEN**

Als Basketballtrainer saß ich eines Tages mit einem 52-jährigen Unternehmer zusammen. Ich war in der Entscheidungsfindung, wie ich mich aus dem Profisport verabschieden könnte. Der Unternehmer erklärte mir, dass ich unbedingt Unternehmer werden solle. Am Ende sagte er einen Satz, der bei mir einschlug wie ein Bombe: »Christian, ich habe letztes Jahr mit 51 in einem Jahr mehr verdient als in meinen ersten 20 Berufsjahren zusammen. Das ist das Schöne am Unternehmertum. Du baust über 2 Jahrzehnte immer mehr Fähigkeiten und Kompetenzen auf. **Als Belohnung wird eines Tages das Geld so auf Dich einströmen, wie Du es Dir heute gar nicht vorstellen kannst.**«

Dieses Bild war pure Inspiration. In diesem Moment habe ich entschieden, eines Tages Unternehmer zu sein. Auch wenn dieses Ziel damals noch unendlich weit weg war.

Da ich noch lange keine 50 bin, kann ich Dir die Wahrheit dieser Regel nicht bestätigen. Doch ich kann Dir etwas viel Besseres bestätigen. Ich verdiene mit 40 in diesem Jahr mehr Geld als in den ersten 13 Berufsjahren zusammen.

48

STELL DIR DIE RICHTIGEN FRAGEN

Die Qualität Deiner Fragen bestimmt die Qualität Deiner Ergebnisse.

Wenn mir Menschen auf meinen Seminaren ein Problem schildern und mich dann fragen: »Was soll ich tun?«, antworte ich ihnen, dass das die falsche Frage sei. Was ist mein gewünschtes Endergebnis?, muss die Frage lauten. Dann können wir die Antwort erarbeiten.

Nächste Frage, die wir uns stellen müssen: Was erreiche ich durch dieses Endergebnis? Damit finden wir den Eigenantrieb des Teilnehmers heraus und ob das Endergebnis wirklich das richtige ist.

Letzte Frage: Wie komme ich dahin?

Probleme gibt es nur, solange Du Dir die falschen Fragen stellst. Falsche Fragen produzieren falsche Antworten. Wenn Du Dich die ganze Zeit fragst: »Wie löse ich dieses Problem?« Dann beschäftigst Du Dich automatisch damit und hast im Leben immer mit Problemen zu tun.

Ein paar Beispiele für falsche und richtige Fragen:

Falsche Frage: Wie kann ich viel Geld verdienen?

Richtige Frage: Wie kann ich meinen Wert erhöhen? Wie kann ich meinen Kunden immer besser dienen? Wie finde ich meine Zielgruppe, die meine Dienstleistung am meisten schätzt?

Falsche Frage: Wie finde ich mein Ding im Leben?

Richtige Frage: Was will ich nicht mehr haben oder tun? Worauf habe ich keine Lust mehr? Und was will ich stattdessen? Schreib Dir auf, worauf Du keine Lust mehr hast und was Du stattdessen möchtest. Damit findest Du viel leichter Deinen Weg im Leben.

49

**LASS NICHTS IN DEINEN
KOPF, WAS DIR
NICHT WEITERHILFT**

Einige Erfolgstipps, die ich Dir hier gegeben habe, können wir unter einen absoluten **Meister-Tipp** stellen:

Lass nichts mehr in Deinen Kopf, was Dir nicht weiterhilft.

Du musst Deinen Platz im Leben gefunden haben, um diese Strategie befolgen zu können. Denn wer auf der Suche ist, wird automatisch auch Informationen konsumieren, die nicht hilfreich für ihn sind.

Doch wenn Du Deinen Platz gefunden hast, zementiere ihn, verankere Dich fest in Deiner Lebensaufgabe und lass Dich von all den Dingen nicht mehr beeinflussen, denen wahrscheinlich 97 Prozent der Menschheit zum Opfer fallen: die täglichen Nachrichten, das Unterhaltungsfernsehen, die Marketingbroschüren, der Social-Media-Konsum, das neue Jahrhundertprodukt, die nächste große Krise, Wirtschaftskrise, Weltkrise.

Ich habe eine einfache Regel:

Wenn es meiner beruflichen Karriere, meiner Familie, meiner Ehe, meiner Gesundheit oder meinem Leben nicht dient, kommt die Information nicht in meinen Kopf. Der Gedanke klopft an meiner Tür und wird abgewiesen.

Dein Leben ist unbeschwert, Du hast Deinen Fokus auf die wenigen Dinge, worum es in Deinem Leben geht, und in Deinem Kopf ist immer Platz fürs Wesentliche.

Dein Leben ist einfach, wenn Du es einfach machst.

Was lässt Du ab jetzt nicht mehr in Deinen Kopf?

50

**DENK NICHT DARÜBER
NACH, OB ANDERE
DICH MÖGEN**

Es gibt keine Strategie, mit der Du nicht auf Ablehnung stößt. Selbst nichts zu tun ist keine Strategie. Denn Erfolgsmenschen werden den Kopf schütteln und Dich fragen, wie man nur so sinnlos seine Lebenszeit verschwenden kann. Es muss Menschen geben, die Dich nicht mögen. Sonst machst Du etwas falsch.

Es gibt Menschen, die mögen Geld nicht. Weil sie selbst nicht reich sind. Oder es gibt Menschen, die das Thema »Verkauf« ablehnen. Weil sie selbst nicht verkaufen können. Es gibt auch Menschen, die glückliche Menschen nicht mögen. Weil sie selbst nicht glücklich sind. Wieder andere mögen Menschen nicht, die voller Motivation durchs Leben gehen. Weil sie Probleme damit haben, sich selbst zu motivieren.

»Christian, meine Frau hasst Dich«, kam eines Tages ein Seminarteilnehmer auf mich zu.

»Lass mich raten«, antwortete ich. »Deine Frau kann sich selbst nicht motivieren und hat große Probleme, Eigenantrieb zu entwickeln.«

»Woher weißt Du das?«, fragte er mit großen Augen.

»Ganz einfach, sie mag mich nicht, weil ich der Spiegel bin, der ihr zeigt, wie wenig sie aus ihrem Leben macht.« Es ist viel einfacher, den personifizierten Spiegel zu hassen, als der Tatsache übers eigene Ich ins Auge zu schauen.

Tendenziell mögen Menschen die Menschen nicht, die etwas können oder etwas haben, das sich ihnen selbst verschließt. Daher ist Dein Ziel auch, dass es Menschen geben muss, die Dich nicht mögen, weil Du das Beste aus Deinem Leben machen willst.

51

RÜCKSCHLÄGE SIND
DAS TOR ZUM ERFOLG

Aus einem Rückschlag lernst Du mehr als aus Deinen 10 letzten Erfolgen. Wenn Du erfolgreich bist, hast Du die Tendenz zu feiern und nachlässig zu werden. Wenn Du einen Rückschlag erleidest, dann sind Deine Ohren wieder offen, und Du bist lernbereit.

Als Basketballtrainer hatte ich eine Erfolgsregel: Selbst wenn Du das beste Team hast, müssen Deine Spieler in der Saison lernen, mit Rückschlägen umzugehen, sonst kannst Du nicht Deutscher Meister werden. Das heißt, als Trainer musste ich diese Rückschläge teils künstlich herbeiführen, indem wir Spiele verloren haben, obwohl wir sie eigentlich hätten gewinnen müssen. Jetzt war mein Team bereit, Dinge zu lernen, die ich ihm nach einem Sieg nie hätte beibringen können.

Rückschläge sind das Tor zum nächsten Erfolg, wenn Du die 3 As befolgst:

AKZEPTIEREN – AUSEINANDERSETZEN – ANGREIFEN

Akzeptieren: Nimm den Rückschlag an. Ignoriere ihn nicht.

Auseinandersetzen: Frage Dich: Was lerne ich daraus? Wie kann ich besser werden? Trainiere und übe mehr.

Angreifen: Bewege Dich wieder ganz direkt auf Dein Ziel zu.

52

VERGRÖSSERE
DEINE ZIELE

Verdreifache, verfünffache, verzehnfache am besten Deine Ziele. Wer seinen möglichen Erfolg im Kopf schon begrenzt, begrenzt, was er tut, was er aus sich und seinem Leben macht.

Um aufs nächste Level zu kommen, musst Du vollkommen anders denken und handeln als bisher. Du kannst das höhere Level nicht erreichen, ohne größer zu denken, intensiver zu handeln und länger zu arbeiten – viel länger und intensiver als andere.

Wenn Du Deine Ziele begrenzt, begrenzt Du das Potenzial, das Du aus Dir herausholen darfst, wie gut Du werden darfst, wie viel Du erreichen darfst, wie aufregend Dein Leben sein darf. Brich diese Grenzen auf, indem Du jedes Ziel vergrößerst, weil Du dann wachsen, genauer gesagt, über Dich hinauswachsen musst.

Das Spiel im Leben heißt: Ergebnisse liefern.

Wenn Du Deine Ziele verzehnfachst, würde es Dich stören, wenn Du sie knapp verfehlst? Nein, oder? Was aber wäre, wenn Du ein realistisches Ziel knapp verfehlst? Dann würdest Du Dich wahrscheinlich richtig ärgern.

In Dir steckt noch so viel mehr Potenzial. In Dir stecken noch so viele Fähigkeiten. All das aktivierst Du nicht mit durchschnittlichen Zielen. **Außergewöhnliche Ziele produzieren außergewöhnliche Erfolge.** Wenn Du auf den Mond willst, darfst Du nach den Sternen greifen.

Deine Ziele sollten außergewöhnlich sein. Die Meinung anderer interessiert nicht. Nur Deine eigene Einschätzung zählt.

Schreib Deine 3 größten Ziele auf und potenziere sie!

53

WIE GEHT
DAS UNMÖGLICHE?

Das Unmögliche bleibt unmöglich, bis Du Dir selbst beweist, dass es nicht unmöglich ist.

Egal ob es Ziele, Träume, Visionen oder Wünsche für Dich sind: **Setz Dir hohe Ziele, dann hast Du wenigstens keine Konkurrenz.** Die meisten Menschen trauen sich hohe Ziele gar nicht zu, weil ihnen das Selbstvertrauen dafür fehlt. Daher gibt es keine Konkurrenz.

Dafür ist bei mittelmäßigen Zielen die Konkurrenz sehr hoch, und es ist viel schwerer, diese Ziele zu erreichen, weil so viele nach dem Gleichen streben.

Und wenn Du mal ein paar Leute findest, die sich hohe Ziele setzen, haben sie oft keine Ausdauer, keine Zähigkeit, kein Durchhaltevermögen. Sie können ihre Energie nicht lange genug auf dem Ziel halten, bis es sich materialisiert, verwirklicht. Sie haben diese Terrier-Mentalität nicht.

Frage Dich permanent: Wie erreiche ich meinen größten Traum? Wie geht das Unmögliche? Finde die Antworten. Wer sucht, der findet. Du spielst schon automatisch in einer anderen Liga.

54

RAUS AUS DER VERGANGENHEIT - REIN IN DIE ZUKUNFT

Zu viele Menschen stehen sich selbst im Weg, weil sie gedanklich immer in ihrer negativen Vergangenheit festhängen:

Ich hatte eine schwierige Kindheit.

Ich habe zu wenig Liebe von meinen Eltern bekommen.

Ich habe den falschen Schulabschluss.

Ich komme nur aus einer Arbeiterfamilie.

Das konnte ich noch nie.

Damit hast Du IMMER eine Ausrede, warum Du nicht voll durchstarten kannst. Wer nur über die Vergangenheit redet, wer immer als Opfer gedanklich an der Vergangenheit klebt, ist ein Psycho: »Ich kann nichts aus meinem Leben machen, weil Mama und Papa mir zu wenig Aufmerksamkeit geschenkt haben.«

Du willst gedanklich in der idealen Zukunft sein. Das gibt Dir Energie. Hier sind Deine Träume und Ziele. Da ist die Anziehungskraft, die Motivation, die positive Energie. In der besseren Zukunft. **Egal, wo Du heute stehst, Du kannst Dir immer eine bessere Zukunft erschaffen.**

Eines Tages, wenn Du auf dem Sterbebett liegst, wirst Du bemerken, dass die Größe Deiner Erfolge nur durch die Größe Deiner Vorstellungskraft begrenzt wurde.

Also: Immer den nächsten Schritt vorausdenken.

Wenn Du erfolgreich sein willst, dann musst Du irgendwann sagen: Raus aus der Vergangenheit – rein in die Zukunft.

55

SAG JA ZUM LEBEN

Das Schönste ist das Leben an sich. Mach es zu einem einzigartigen Abenteuer, zu einem wundervollen Erlebnis.

Sag JA zum Leben. Sag JA zu Dir selbst. Sag JA zu Deiner Entwicklung. Sag JA zu allem, was Dein Leben verbessert und voranbringt. Sag JA zu den Herausforderungen, die Dir früher zu groß erschienen. Sag JA zu allem, was lebensdienlich ist und Dein Leben bereichert.

Das Leben verläuft in Phasen. Durchlebe sie intensiv, und Du blickst auf ein erfülltes Leben zurück.

Es gibt eine Phase der Bildung und Ausbildung. Es gibt eine Phase des exzessiven Feierns, des Sich-Auslebens, des Sich-selbst-Entdeckens: Wer bin ich? Was kann ich? Es gibt eine Phase, all die Dinge zu tun, die gesellschaftlich nicht akzeptiert sind. Es gibt eine Phase, den idealen Partner zu finden. Es gibt eine Phase, Eltern zu sein und Kinder zu bekommen. Verpass sie nicht! Werde keine frustrierte Frau, die es mit Mitte 40 bereut, keine Kinder bekommen zu haben. Oder ein Mann, der im Alter alleine dasitzt. Es gibt eine Phase, den eigenen Egoismus hintanzustellen, zum Wohl einer höheren Aufgabe – der Familie.

Es gibt eine Phase der Sinnsuche. Es gibt eine Phase der Weisheit. Es gibt eine Phase des maximalen beruflichen Erfolgs. Es gibt eine Phase des puren Glücks – wenn Du weißt, dass Du nicht mehr weißt, wie lange Du noch auf diesem Planeten sein wirst. Dann ist jeder zusätzliche Tag pure Freude.

Durchlebe jede Phase deines Lebens bewusst. Sag JA zum Leben, und Du hast ein glückliches Leben.

HAB VERTRAUEN IN
DICH UND INS LEBEN

Nur wenn Du intensiv handelst, wirst Du Dir Dein Traumleben erschaffen. Ich möchte Dir mit den ersten 10 Schritten helfen, es zu erreichen:

1. Entwerfe Deine unlimitierte Zielliste.
2. Lege Deine nächsten Handlungsschritte fest.
3. Fang sofort an.
4. Mach Deine Ziele nicht kleiner, wenn Du sie aufschreibst.
5. Verlier Dich nicht in den Details, wie Du sie erreichen kannst.
6. Frag Dich: Was kann ich heute tun, um den Zielen einen Schritt näher zu kommen?
7. Mach, was auch immer Dir in den Sinn kommt – egal was es ist oder wie Du Dich fühlst.
8. Bewerte Deine Ergebnisse nicht schon im Voraus.
9. Schreib Deine Ziele jeden Tag neu auf – morgens und abends.
10. Gib nie auf, bis Du das Ziel erreicht hast. Aufgeben ist keine Option – häng Dir diesen Satz an die Wand!

Zwischen 40 und 50 werden Deine 10 erfolgreichsten Jahre sein, weil Du schon 20 Jahre Vorbereitung hattest. Training, Weiterbildung, das richtige Denken, Ausdauer, Disziplin und Mut sind entscheidend für Deinen Erfolg. Ich erinnere mich immer daran, dass es bei einem Ziel nicht um realistisch oder unrealistisch, möglich oder unmöglich geht, sondern darum, ob ich es erreichen möchte!

Vertrauen ist eine wichtige Basis dafür.

Nichts im Leben passiert gegen Dich.

Alles im Leben passiert für Dich.

Alles passiert zur richtigen Zeit.

Du bist immer zur richtigen Zeit, am richtigen Ort und das aus dem richtigen Grund.

Du verstehst vielleicht nicht, warum etwas passiert, doch das Leben wird es Dir mit der Zeit zeigen.

Das Leben bringt zusammen, was zusammengehört und

auseinander, was auseinander gehört.

Das Leben zeigt Dir Deinen Weg.

Folge Deinem Herzen.

Hör auf Deine Intuition.

Mach Dein Ding.

Du weißt nie, wo Dein Limit ist. Doch solange Du lebst, kannst Du es ständig verschieben. Packen wir's an!

FOLGE CHRISTIAN AUF

BISCHOFFCH

CHRISTIAN BISCHOFF

BISCHOFFCH

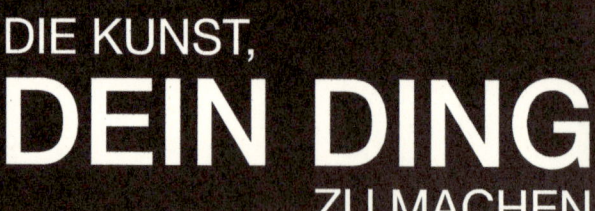

CHRISTIAN
BISCHOFF

WWW.CHRISTIAN-BISCHOFF.COM/DIEKUNST

„DU WEISST NICHT,
WO DEIN LIMIT IST.
DU WEISST NUR,
WO ES NICHT IST.

CHRISTIAN BISCHOFF

DIE KUNST, DEIN DING ZU MACHEN

Podcast

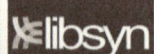